BEI GRIN MACHT SICH IHR WISSEN BEZAHLT

- Wir veröffentlichen Ihre Hausarbeit, Bachelor- und Masterarbeit

- Ihr eigenes eBook und Buch - weltweit in allen wichtigen Shops

- Verdienen Sie an jedem Verkauf

Jetzt bei www.GRIN.com hochladen und kostenlos publizieren

Bibliografische Information der Deutschen Nationalbibliothek:

Die Deutsche Bibliothek verzeichnet diese Publikation in der Deutschen National-
bibliografie; detaillierte bibliografische Daten sind im Internet über http://dnb.d-
nb.de/ abrufbar.

Impressum:

Copyright © 2019 GRIN Verlag
Druck und Bindung: Books on Demand GmbH, Norderstedt Germany
ISBN: 9783346062703

Dieses Buch bei GRIN:

https://www.grin.com/document/503583

Jenny Richards

Einsendearbeit zum Weiterbildungsmarketing

GRIN Verlag

GRIN - Your knowledge has value

Der GRIN Verlag publiziert seit 1998 wissenschaftliche Arbeiten von Studenten, Hochschullehrern und anderen Akademikern als eBook und gedrucktes Buch. Die Verlagswebsite www.grin.com ist die ideale Plattform zur Veröffentlichung von Hausarbeiten, Abschlussarbeiten, wissenschaftlichen Aufsätzen, Dissertationen und Fachbüchern.

Besuchen Sie uns im Internet:

http://www.grin.com/

http://www.facebook.com/grincom

http://www.twitter.com/grin_com

Deckblatt für Einsendearbeiten im

Fernstudiengang „Erwachsenenbildung"

Einsendearbeiten zu Modul Nr.: EB1000

Adresse	
Name	Richards
Vorname	Jenny
Semester	WS19/20 (3)

Inhaltsverzeichnis

Einsendeaufgabe 1 1

Einsendeaufgabe 2 3

Einsendeaufgabe 3 6

Einsendeaufgabe 4 9

Literaturverzeichnis 12

Einsendeaufgabe 1

Welche allgemeinen Trends der Weiterbildungsbeteiligung und der Beteiligungs-strukturen lassen sich erkennen? Woher stammen die Daten und welche unter-schiedlichen Schwerpunkte setzen die jeweiligen Erhebungen?

Da im Vergleich zu anderen Bereichen des Bildungsmarktes, in der Weiterbildung kei-ne staatliche Trägerschaft dominiert, ist der Weiterbildungsmarkt durch eine plurale Struktur und somit einer starker Intransparenz gekennzeichnet. So lässt sich feststel-len, wie unübersichtlich und hochdifferenziert die Weiterbildungsangebote sind. Auch aus der Perspektive der Weiterbildungsstatistik bleibt auch unklar, wie viele Einrichtun-gen auf diesem Markt aktiv sind. Durch permanente Fusionen, Neugründungen und auch Schließungen ist die Anzahl der Anbieter nie genau ermittelbar. Geißler unter-scheidet sechs Beteiligungsstrukturen die sich aus der Rechtsform und der Rekrutie-rungsstrategie ergeben:

a) Kommerzielle Institute
b) Betriebe
c) Kirche/ Parteien
d) Gewerkschaften
e) Volkshochschule
f) Bundesagentur für Arbeit

(vgl. Reich-Claassen, 2015, S.2).

Die Weiterbildung wird nur in Teilbereichen staatlich organisiert und kontrolliert, somit erfolgen die Angebote nach dem Subsidiaritätsprinzip um eine flächendeckende Ange-botsstruktur zu gewährleisten. Das Wichtigste Grundprinzip der Weiterbildung ist das Ordnungsprinzip der Freiwilligkeit. Dadurch entsteht die Notwendigkeit in der Ange-botsplanung, die Wünsche, Vorstellungen und die Bedürfnissen der Teilnehmer zu identifizieren und danach auszurichten (vgl. ebd., S.3).

Die Erkenntnisse der Weiterbildungsbeteiligung und der Beteiligungsstrukturen lassen sich bis zum Jahre 1950 zurückführen. Nachfolgend werden zusammengefasst die einzelnen Schwerpunkte der einzelnen Studien chronologisch dargestellt:

Der Schwerpunkt der Hildesheim-Studie im Jahre 1954 lag auf der Einstellung Er-wachsener im Bezug zu Bildung sowie deren Bildungsfähigkeit. Die Forscher konnten in ihrer Studie eine große Diskrepanz zwischen der Wertschätzung der Weiterbildung und der tatsächlichen Teilnahme an Weiterbildungsveranstaltungen. Diese identifizierte Polarität wird auch heute noch unter dem Begriff der „Weiterbildungsschere" diskutiert. Die Göttinger Studie aus dem Jahre 1966 gilt als die Leitstudie der Adressatenforschung und gilt dabei als bedeutende Vorläuferstudie der später etablierten „Milieuforschung". Erstmals befassten sich die Forschenden mit dem Bildungsinteresse aller Bevölkerungsschichten. Sie stellten unter anderem die Forschungsfrage nach dem Begriff der Bildung und was einen gebildeten Menschen demnach ausmacht. Des Weiteren untersuchten sie persönliche und individuelle Interessen in Bezug auf die Weiterbildung. Auf Basis der Ergebnisse konnten sie ein vereinfachendes vierstufiges Schichtmodell der Gesellschaft vornehmen, welches Darstellungen und Differenzierungen von Bildungsverhalten, Bildungsinteressen, dem Bildungsbegriff und Grundlegende Einstellungen zu Weiterbildung und Bildung bietet. Die wichtigste Erkenntnis des Matthäusprinzips ist die „Kumulation der Bildungsbenachteiligungen über den Lebenslauf". Diese Studie kam zu der Erkenntnis, dass diejenigen, die über einen hohen Bildungsabschluss verfügen, häufiger an Weiterbildungsveranstaltungen teilnahmen, als welche, die über einen niedrigen Bildungsabschluss verfügen. Der Fokus der Oldenburg-Studie aus dem Jahre 1978 lag darin, das Verhalten, Erwartungen und diverse Einstellungen der Bevölkerung in Bezug zu Weiterbildungsangebote zu erfassen und diese in sozio-demographische Daten zu gliedern und somit nochmals differenziertere Aussagen machen zu können. Aus den Erkenntnissen konnte eine weitere Vergrößerung der „Weiterbildungsschere" festgestellt werden: bei ungünstigen sozialen Faktoren, wie niedriger sozialer Status, höheres Alter etc. klaffte der Spalt noch weiter auseinander. Folgende Gruppenspezifische Merkmale konnten identifiziert werden:

- Je jünger der Teilnehmer, desto häufiger ist die Teilnahme an Weiterbildung
- Männer partizipierten häufiger an Weiterbildung als Frauen
  - o Jedoch unterschieden sich Männer von vollzeiterwerbstätigen Frauen nicht signifikant
- Der Wohnort in einer urbanen Region erwies sich als vorteilhaft

(vgl. Reich-Claassen, 2015, S. 9ff)

Der Adult Education Survey wird seit 2007 im Abstand von zwei Jahren in Deutschland durchgeführt und Fokussiert weiterhin die Datenerhebung über die Beteiligung und Nichtbeteiligung Erwachsener Menschen im Alter von 25-64 an Bildungsangeboten. Der letzte Stand der Analyse von 2016 wurde im Jahre 2018 veröffentlicht (vgl. Bilger et al., 2016).

Einsendeaufgabe 2

Fassen Sie die wichtigsten milieu-übergreifenden Befunde der Studien „Lebenswelten von Menschen mit Migrationshintergrund" sowie „Bildung, Milieu & Migration" zusammen. Diskutieren Sie: Welche Bedeutung haben diese Erkenntnisse für die Erwachsenenbildung/Weiterbildung?

In Anlehnung an die Adressaten- und Teilnehmerforschung rückte nun auch in Hinblick auf den demographischen Wandel und steigende Zahl der Menschen mit Migrationshintergrund die Forschung über die Milieus und die Haltung zur Bildung dieser Kohorte in den Vordergrund. Seit den Ergebnissen der PISA-Studie ist bekannt, dass Menschen mit Migrationshintergrund im deutschen Bildungssystem benachteiligt werden. Dies gilt nicht nur für die schulische Erstausbildung sondern auch besonders im Bereich der Weiterbildung. Um methodische Konsequenzen ableiten zu können, ist es unabdingbar, Informationen über Orientierungen bezüglich der Arbeit, Freizeit und Familie – aber auch über Werthaltungen gegenüber Schule, Wissen und Bildung zu erhalten (vgl. Reich-Claassen, 2015, S. 23f.).

Um die Alltagswirklichkeit, Wertorientierung, Lebensziele und –wünsche von Migranten zu erfassen, führte das Heidelberger Forschungsinstitut Sinus eine gesonderte Studie zu „Lebenswelten von Menschen mit Migrationshintergrund" durchgeführt. Durch diese Studie konnte ein vorläufiges Migranten-Milieumodell erstellt werden, welches sich in acht unterschiedlichen Milieus klassifiziert (vgl. ebd., S. 25).

Milieu-übergreifend kann hier festgestellt werden, dass zweifellos die ethnische Zugehörigkeit, Religion und Migrationshintergrund wichtige Aspekte der individuellen Lebenswelt sind. Weniger spielt hierbei das Herkunftsland eine Rolle, sondern mehr die erlebte Sozialisation im Bezug zu der eigenen Immigration und dem individuell wahrgenommenen Alltag in Deutschland. Demnach lässt sich sagen, dass das Herkunftsmilieu nicht die Milieuzugehörigkeit bestimmt. Auch wenn diese Studie zunächst keine expliziten Aussagen über den Bildungsstatus macht, können jedoch wichtige Erkenntnisse, wie die Interesse an Bildungsveranstaltungen entnommen werden. So zeigte sich, dass die Leistungsbereitschaft und der Wille zu einem gesellschaftlichen Aufstieg stärker als bei der autochthonen deutschen Gesellschaft ausgeprägt sei und auch gerne in der Freizeit Weiterbildungsangebote wahrnehmen. Lediglich in den Unterschichtmilieus zeigte sich kaum Interesse an Weiterbildungsmaßnahmen (vgl. ebd., S. 26f.).

Während die o.g. Studie sich auf die Lebensweltanalyse fokussierte, wendete sich die Studie „Bildung, Milieu & Migration" der Heinrich-Heine-Universität in Düsseldorf mit einer defizitorientierten Perspektive ganz konkret den individuellen Bildungsverläufen, Einstellungen zu Bildung und Bildungsbarrieren von Menschen mit Migrationshintergrund zu, um aus deren Erkenntnissen konkrete Handlungsempfehlungen ableiten zu können. Hierbei stehen im Kontext der Bildung, die Zukunftsperspektiven und Lebenseinstellungen von Migranten im Fokus (vgl. ebd., S. 27f.).

Auch hier können milieu-übergreifende Befunde benannt werden. Unabhängig vom Zeitpunkt der Zuwanderung, empfanden die Migranten das deutsche Bildungssystem – im Vergleich zum Herkunftsland – als sehr gut und zeigten sich dankbar für diese besonderen Bildungsmöglichkeiten im Bezug zu Unterstützungsmöglichkeiten und auch Aufstiegsmöglichkeiten. Oft wurde der Bildung eine hohe Wertschätzung zugeschrieben, da Bildung als Instrument zur Unabhängigkeit und der Schaffung von Möglichkeiten gilt. Allen gemeinsam ist, dass die Motivation zur Bildung primär durch die Lehrer geschah, jedoch größtenteils eine emotionale Stabilität durch das Elternhaus gewährleistet wurde. Eine weitere Gemeinsamkeit besteht in der Kritik in dem dreigliedrigen Schulsystem und bemängeln – aus subjektiver Sicht – die Zuweisung zur Hauptschule (vgl. ebd., S.28ff.).

Trotz der Wertschätzung gegenüber der Bildung, ließ sich kein starker Aufstiegswille identifizieren.

Diskussion:
Grundlegend ist allen Aussagen über Bildung und Migration der Konstruktivismus gemeinsam. So beschreibt Arnold, dass zurückliegende Erinnerungen und Erfahrungen das subjektive Gefühlserleben eines Momentes determinieren (vgl. Arnold, 2008, S. 133f.). Demnach sollte der Konstruktivismus insbesondere bei Migranten Berücksichtigung finden. Wie die oben dargestellten Erkenntnisse zeigen, bestehen bei Migranten in unterschiedlichen Milieus unterschiedliche Werthaltungen, sowie unterschiedliche Sozialisationen, bedingt durch Familie, die Region etc. Die Aufgabe eines Pädagogen (hier in der Erwachsenenbildung) besteht darin, *das Gegenüber in seiner Entwicklung und seinem Lernen zu begleiten und zu unterstützen"* (Arnold, 2008, S. 139), wenn

auch der Einbezug von Personen mit schlechten bzw. nicht ausreichenden Deutsch-kenntnissen einen hohen methodischen Mehraufwand bedeutet (vgl. Reich-Claassen, 2015, S. 24).

Für Bildungseinrichtungen und deren praktizierende Erwachsenenbildner empfiehlt es sich, an Fort- und Weiterbildungsangebote für Dozierende im dem Fokus der Sprach-förderung und Sprachsensibilisierung im Fachunterricht, teilzunehmen.

So legt auch das Bundesamt für Migration und Flüchtlinge in seinem pädagogischen Rahmenkonzept fest, dass Lehrkräfte in Spezialberufssprachkursen Kenntnisse in der Vermittlung von Sprachkenntnissen in den jeweiligen Berufsfeldern vorweisen müssen (vgl. Verordnung über die berufsbezogene Deutschsprachförderung (DeuFöV), § 18 (4)).

Möglicherweise trägt die didaktische Gestaltung eines sprachsensiblen Unterrichts zu einem höheren Wohlbefinden der Migranten in Weiterbildungsmaßnahmen bei und kann auf diesem Wege die Bildung für Menschen mit Migrationshintergrund zugänglich und motivierend gestalten.

Einsendeaufgabe 3

**Marketing mehr als Werbung?**

a) Wie kann man das Wort Marketing übersetzen oder umschreiben?

Prof. Dr. Manfred Kirchgeorg definiert den Begriff des Marketings im Gabler Wirtschaftslexikon wie folgt: „Der Grundgedanke des Marketings ist die konsequente Ausrichtung des gesamten Unternehmens an den Bedürfnissen des Marktes [...] Darüber hinaus ist Marketing eine unternehmerische Aufgabe, zu deren wichtigsten Herausforderungen das Erkennen von Marktveränderungen und Bedürfnisverschiebungen gehört, um rechtzeitig Wettbewerbsvorteile aufzubauen." (Kirchgeorg, 2019).

Häufig wird der Begriff als strategisch-finanzielles Optimierungstool verstanden und richtet sich häufig an die Aspekte der Werbung und der Öffentlichkeit. Das betriebswirtschaftliche Marketing richtet sich dabei ausschließlich am Kundennutzen aus. Jedoch kommt im Bereich der Bildung die moralische Tauschbeziehung hinzu, die den Teilnehmer mit seiner physischen, intellektuellen und emotionalen Anwesenheit miteinbezieht. Marketing soll den Bedürfnissen und Interessen der Adressaten gerecht werden und einen interesseweckenden Charakter haben (vgl. Reich-Claassen, 2015, S. 33).

b) Welche Funktionen und allgemeine Zielsetzungen werden dem Marketing heute zugesprochen?

Um die Zielsetzung des Marketings detaillierter darzustellen, kann man Marketingziele in qualitative Ziele und quantitative Ziele unterschieden. Qualitative Marketingziele fokussieren beispielsweise das Image, den Bekanntheitsgrad oder auch die Mitarbeiterbindung an eine Einrichtung, wohingegen quantitative Ziele durch Zahlen oder Wert messbar werden und den Unternehmenserfolg darstellen. Die quantitativen Ziele sind oft abhängig von den qualitativen. Denn der Unternehmenserfolg kann auf Dauer nur mit guten, motivierten Mitarbeitern und somit zufriedenen Kunden erreicht werden. Somit kann man der Funktion des Marketings den Bestandserhalt und –wachstum einer Einrichtung zuschreiben (vgl. Schlutz, 2014, S. 25).

c) Nennen Sie wichtige Arbeitsschwerpunkte des Marketing.

Arbeitsschwerpunkte des Marketings umfassen zunächst eine ausführliche Marketingplanung oder auch Marketingmanagement, die durch sechs wichtige Merkmale gekennzeichnet ist. Die Formulierung von *Marketingzielen* ist der Ausgangspunkt der Marketingstrategie. Hierzu sind reale Oberziele zu formulieren, die spezifisch auf eine Einrichtung ausgerichtet sein können oder dem allgemeinen Bildungsauftrag. Aufgrund der abstrakten Formulierung der Oberziele müssen operationalisierbare Gliederungen stattfinden

Weitere Arbeitsschritte sind die *Marktsegmentierung*, die Auswahl und der Einsatz von *Marketinginstrumenten*, der *Marketingmix*, die *Marketingorganisation* und die *Marketingkontrolle*.

Beispielsweise zielt das Marketingdurch die Strategie der Marktausschöpfung auf einen erhöhten Absatz der Bildungsleistung ab. Hier können im Zuge einer besseren Auslastung bereit bestehende Angebote verstärkt beworben werden, indem sie zu unterschiedlichen Zeiten (morgens + abends) angeboten werden können. Auch kann eine Markterweiterung angestrebt werden, indem neue Kundensegmente gewonnen werden können. Beispielsweise könnten hier zusätzliche, mit der Berufstätigkeit vereinbare Programme angeboten werden. Zu den Marketinginstrumenten zählen vier übergeordnete Einheiten: der Angebots- bzw. Leistungsgestaltung (Service, Lernmethoden, Medieneinsatz), Distributionsgestaltung (Räumlichkeiten, Standortwahl), Kommunikationsgestaltung (Werbung, Öffentlichkeitsarbeit) und der Preis- oder Gegenleistungsgestaltung (Preisdifferenzierungen), welche sich nochmals in konkrete Maßnahmen gliedern (vgl. Reich-Claassen, 2015, S. 34ff.).

Ein weiterer Schwerpunkt des (Weiterbildungs-)marketings ist die Kunden- und Teilnehmerorientierung. Demnach hat sich bislang gezeigt, dass das Erreichen der Adressaten von Bildungsdienstleistungen davon abhängt, inwieweit es gelingt, eine besondere Dienstleistungsqualität auszubilden und darzustellen. Dass es sich lohnt und warum es sich lohnt, ist die zentrale Rolle des Marketing-Handelns (vgl. Schlutz, 2014, S. 52).

d) Begründen Sie die Ausweitung des Marketingbegriffs: warum umfasst er heute mehr als Angebotswerbung?

Die heutige Gesellschaft befindet sich in einer ständigen Informationsüberflutung und genau deshalb muss auch dort, eine verlässliche Einrichtung auf ein gutes Angebot hinweisen. Die Intransparenz der vielseitigen Bildungsangebote ist ein prägnanter Faktor, der es für Unternehmen schwierig gestaltet die Weiterbildungsbeteiligung zu fördern. Vielmehr geht es beim Marketing nicht nur um die Werbung für eine Dienstleistung, sondern bezieht sich auf die Beziehung zwischen dem Anbieter und dem potentiellen Teilnehmer und wie er diese Beziehung intensivieren kann wie beispielsweise durch nützliche Angebote, einladende Anmeldeverfahren (vgl. ebd., S. 1). So bewirbt als exemplarische Darstellung, die IUBH (Internationale Hochschule Fernstudium) die Immatrikulation mit dem Erhalt eines Apple iPad zum Studienstart (vgl. https://www.iubh-fernstudium.de/ipad-aktion/).

Durch die wachsende Konkurrenz der Weiterbildungsanbieter kann eine stärkere Auseinandersetzung mit Strategien und Instrumenten des Marketings verzeichnet werden. Auch hier ist das größere Interesse an betriebswirtschaftlichem Interesse zu erkennen. Schon immer ist die Weiterbildung auf Nachfrage und Adressatenorientierung angewiesen. Jedoch zielt das Marketing im Bildungssektor darauf ab, die Förderung des gewünschten Kompetenzzuwachses und der tatsächliche Kundennutzen zu kommunizieren (vgl. ebd. S. 2f).

Um die Bandbreite des Marketings zu verdeutlichen, kann auch die Darstellung der funktionsgerichteten Marketingziele behilflich sein. So beinhaltet Marketing ökologische Ziele, die sich auf die Rentabilität und Liquidität eines Unternehmens beziehen; psychologische Ziele, die innerhalb des Unternehmens stattfinden und sich auf die Mitarbeiterzufriedenheit beziehen; und zuletzt auch die sozialen Ziele, die ein gutes Betriebsklima und eine Arbeitsplatzsicherung fokussieren (vgl. ebd., S. 25).

Somit darf Marketing nicht nur als Werbung verstanden werden, sondern als ein interdependenter Prozess der innerhalb aber auch außerhalb einer Einrichtung stattfindet.

Einsendeaufgabe 4

Was ist der Unterschied zwischen dem Verkauf eines Produkts und dem einer Dienstleistung? Charakterisieren Sie die Unterschiede an „ähnlichen" Beispielen, wie dem Kauf / Erwerb eines PC und einer EDV-Schulung:
a) Was ist das Absatzobjekt?

Ökonomisch gesehen stellt das Angebot das Gut dar, das ein Anbieter auf einem Markt absetzen will, beispielsweise der Kauf eines PC. Im Dienstleistungs- bzw. Bildungsmarketing fungiert das Angebot als „Absatzobjekt", dass mit der Zusage verbunden ist, die gewünschte Dienstleistung zu erhalten und zu realisieren, wie im o.g. Beispiel die EDV-Schulung (vgl. Schlutz, 2014, Glossar S. V).

Der Unterschied liegt darin, dass beim Kauf eines PC der Käufer Geld bietet und der Verkäufer das Produkt übergibt und Verkauf somit abgeschlossen ist. Gegebenenfalls kann sogar ein Umtausch des Produktes vollzogen werden. Bei einer Dienstleistung, wie eine EDV-Schulung (Angebot), nimmt ein Kunde dieses Angebot wahr und möchte im Anschluss an die Schulung die im Angebot vermittelten Kenntnisse der Datenverarbeitung besitzen und anwenden können. Dies kann nur durch einen Dozent (Dienstleister) geschehen, der das Wissen, Kenntnisse und Fertigkeiten methodisch vermittelt.

„Als Dienstleistung werden alle wirtschaftlichen Leistungen bezeichnet, die nicht in Form fertiger Produkte übergeben oder getauscht, sondern durch einen Prozess vermittelt werden." (Schlutz, 2014, S. 35)

b) Welche Qualitätseinschätzung ist vor und beim Kauf möglich?

Ein Dienstleistungsunternehmen muss sein Leistungspotenzial so überzeugend wie möglich vorstellen, sodass eine Leistungszusage stattfinden kann. Somit finden die „Produktion" und der „Konsum" in Dienstleistungen gleichzeitig statt und eine qualitative oder auch quantitative Qualitätseinschätzung ist vor dem Bezug der Leistung nur bedingt möglich. Mögliche Einschätzungen der Qualität sind hier meist Kundenrezensionen, die ein öffentliches Feedback abgegeben haben, oder besondere Zertifikate die eine Einrichtung vorweisen kann (vgl. ebd., S. 37).

Beim Kauf eines PC ist es möglich, sich vor dem Kauf über die Eigenschaften und Leistungsfähigkeit des Computers zu informieren und somit eine Ersteinschätzung der Qualität zu vollziehen. Möglicherweise kann ein Güterprodukt inspiziert und palpiert werden; auch dies ist bei einer Dienstleistung nicht der Fall.

Gegenüber der Güterproduktion gibt es in dem Dienstleistungsprozess erhebliche Unterscheidungsmerkmale:

* Die Immaterialität (nicht Vorzeigbarkeit)
* Der Leistungsprozess
* Die Individualisierbarkeit der Leistung

(vgl. ebd., S. 37).

c) Welche Kundenaktivität wird verlangt?

In der Dienstleistung der EDV-Schulung wird der Begriff transparent, indem der Begriff den Leistungswillen des Anbieters darstellt aber auch seine Grenzen aufzeigt, indem er „nur" einen Dienst zur Erfüllung des Bildungswunsches des Kunden leisten kann. Der Kunde selbst muss physisch, intellektuell und emotional präsent sein und die nötige Zeit für die Kursdauer aufbringen müssen um selbst dazu beizutragen, ein Teil des Prozesses zu sein – dies bedeutet eine hohe Interaktionsbereitschaft. Ein Bildungsanbieter kann das Erreichen des Ziels nicht garantieren, denn der größte Unsicherheitsfaktor hierbei ist die Leistungsfähigkeit und die Leistungswilligkeit des Teilnehmers selbst (vgl. ebd., S. 35).

d) Welche Verpflichtungen hat der Anbieter nach dem Kauf?

Zum Vergleich eines Gutes gegenüber einer Dienstleistung soll zunächst der §433 BGB Abs. 1 dienen, der die vertragstypischen Pflichten beim Kaufvertrag regelt.

Demnach besagt Absatz 1:

„(1) Durch den Kaufvertrag wird der Verkäufer einer Sache verpflichtet, dem Käufer die Sache zu übergeben und das Eigentum an der Sache zu verschaffen. Der Verkäufer hat dem Käufer die Sache frei von Sach- und Rechtsmängeln zu verschaffen."

Im Bezug zu dem Erwerb eines PC besteht hier die Pflicht des Anbieters den PC dem Käufer in einem schadenfreien Zustand auf ordentliche (kein Erwerb durch Diebstahl) Art und Weise zu übergeben. Besteht jedoch ein Sachmangel, beispielsweise ein fehlender Button auf der Tastatur, besteht ein Rückgaberecht (§434 BGB).

Offensichtlich gibt dieses Beispiel zu verstehen, dass ein solches Szenario im Dienstleistungssektor (hier Bildungssektor) nicht möglich ist.

Oftmals wird nach einer Bildungseinheit ein Zertifikat ausgehändigt, welches die Teilnahme bestätigt, jedoch ist der tatsächliche Wissenserwerb und der zukünftige persönliche Nutzen allein vom Teilnehmer abhängig (vgl. ebd., S. 35).

e) Worauf muss das Marketing jeweils besonders achten?

Für Kunden können die Immaterialität des Angebots und die hohe eigenständige Beteiligung am Lernprozess abschreckend wirken, demnach ergeben sich für das Marketing besondere Motivationsaufgaben, die Unsicherheiten bei Interessenten verringern (vgl. ebd., S. 41)

Beispielsweise können materielle Äquivalente als Ersatzqualitäten zum Einsatz kommen, wie einladende, moderne Räumlichkeiten, freundliches Personal und anschauliches Informationsmaterial (vgl. ebd., S. 40).

Sodass die Dienstleistung im Sinne der Nutzerwartung gelingt, muss nicht nur die Leistung des Anbieters angemessen sein, sondern muss auch der Dozierende bestimmte Qualifikationen an Wissen und Mitarbeit erfüllen, somit wird das Lehren und Lernen zu einer „Koproduktion" (vgl. ebd., S.43).

Literaturverzeichnis

Arnold, R. (2008). *Emotionale Kompetenz für Bildungsverantwortliche* (Bde. Vol. 10, br. 1). Kaiserslautern.

Bilger, F., Friederike, B., & Kuper, H. (2016). *Weiterbildungsverhalten in Deutschland 2016*. Bielefeld: wbv Media GmbH & Co. KG.

Kirchgeorg, M. P. (2019). *Gabler Wirtschaftslexikon*. Abgerufen am 4. Oktober 2019 von https://wirtschaftslexikon.gabler.de/definition/marketing-39435

Reich-Claassen, J. (2015). *Weiterbildung und soziale Milieus: Grundlagen für Programmplanung und Bildungsmarketing. Studienbrief Nr. EB1010 des Master-Fernstudiengangs Erwachsenenbildung der TU Kaiserslautern.* Kaiserslautern: Unveröffentliches Manuskript.

Schlutz, E. (2014). *Weiterbildungsmarketing. Studienbrief Nr. EB1020 des Master-Fernstudiengangs Erwachsenenbildung der TU Kaiserslautern.* Kaiserslautern: Unveröffentliches Manuskript.